CATALOGUE

D'ESTAMPES

MODERNES

CATALOGUE

D'ESTAMPES

MODERNES

A L'EAU-FORTE ET AU BURIN

LIVRES A FIGURES

ET ENVIRON

2,000 ESTAMPES

SUJETS DE COURSES, DE CHASSES EN COULEUR

SUJETS DE GENRE

ET QUELQUES COMPOSITIONS RELIGIEUSES POUR L'ENCADREMENT

DONT LA VENTE AUX ENCHÈRES PUBLIQUES AURA LIEU

HOTEL DES COMMISSAIRES-PRISEURS, RUE D'ROUOT, 9

SALLE Nº 5

Le Samedi 27 Décembre 1890

A DEUX HEURES TRÈS PRÉCISES

Par le ministère de Mᶜ **MAURICE DELESTRE**, Commissaire-Priseur,
rue Drouot, 27

Assisté de **M. BOUILLON**, marchand d'estampes de la Bibliothèque nationale,
rue des Saints-Pères, 3.

PARIS 1890

CONDITIONS DE LA VENTE

Elle sera faite au comptant.

Les Acquéreurs payeront CINQ POUR CENT en sus des enchères applicables aux frais.

M. J. BOUILLON, chargé de la direction de la vente, se réserve la faculté de rassembler ou de diviser les lots.

L'ordre du catalogue sera suivi.

Les estampes en lots, non cataloguées, seront vendues à la fin.

DÉSIGNATION

ESTAMPES

APPIAN

1 — Lac d'Arandon. — Marine. Deux pièces sur japon.

BERTINOT

2 — Hérodiade, d'après Titien. Epreuve d'artiste, sur chine.

BLANCHARD (Aug.)

3 — Saint Augustin et sa mère, d'après Scheffer. Avant la lettre, sur chine.

4 — L'Amateur de tableaux, d'après Meissonier. Avant la lettre, sur chine.

BRACQUEMOND (F.)

5 — *Legros* (Alphonse) (H. Beraldi. Les Graveurs du dix-neuvième siècle 73). Epreuve du premier état.

6 — Le Haut d'un battant de porte (110). Epreuve avec la date de 1865.

7 — La Nuée d'orage (219). Epreuve du premier état à l'eau-forte et avant le ciel, signée du graveur. Rare.

8 — Paysages, d'après Corot. Six épreuves de trois sujets différents. Très belles épreuves dont quatre signées du graveur.

BRUNET-DEBAINES

9 — Ancien Hôtel-Dieu. Deux épreuves. — La Bergerie, d'après Corot. Trois pièces, épreuves d'artiste.

BUHOT (F.)

10 — Une Matinée d'hiver au quai de l'Hôtel-Dieu (ou les Fiacres) (H. B. 123). — Le Retour des artistes, Champs-Elysées (125). Deux pièces.

11 — Embarcadère à Trouville, 1878 (126). — La Fête nationale au boulevard de Clichy. 1878 (127). Deux épreuves, trois pièces.

12 — L'Hiver à Paris, vue de la place Bréda. 1880 (128). — La place Pigalle en 1878 (129). Deux épreuves d'états différents, dont une sur chine. Trois pièces.

13 — Débarquement en Angleterre, effet de mauvais temps à la nuit tombante, 1879 (130). — Une jetée en Angleterre (132). Quatre épreuves d'états différents, avec les marges illustrées. Cinq pièces.

14 — Le Petit enterrement (154). — La Petite place. — Japonaiserie. Trois pièces.

15 — La Dame aux cygnes (144). — L'Orage, souvenir d'un tableau de Constable (145). — Les Voisins de campagne (148). — Les Grandes chaumières (150). Quatre pièces.

CARON (Ad.

16 — Marguerite sortant de l'église, d'après Scheffer. Deux épreuves d'artiste, sur chine.

CHAUVEL

17 — Paysages. Dix pièces, épreuves avant la lettre.

COCK ET DELAUNAY

18 — Paysages. Trois pièces, dont deux sur chine.

COROT

19 — Bateau sous les saules (H. B. 2). — L'Etang de Ville-d'Avray (3). — Environs de Rome (6). Deux épreuves. — Paysage d'Italie (7). — Vénus et l'amour (10 et 11). — Souvenir des fortifications de Douai. — (12). — Le Dôme florentin (13). Neuf pièces, très belles épreuves.

COURTRY (Ch.)

20 — L'Etat-major autrichien devant le corps de Marceau, d'après J.-P. Laurens. Deux épreuves avant la lettre, dont une d'artiste, avec croquis dans la marge du bas, signée du peintre et du graveur.

21 — Milton aveugle et ses filles, d'après Muncaksy. Epreuve d'artiste, sur japon, signée du peintre et du graveur.

22 — La Visite à l'accouchée, d'après Munkacsy. Epreuve d'artiste, sur japon, signée du graveur.

23 — Atelier de Muncaksy, d'après lui-même. Deux épreuves avant la lettre. — Intérieur d'église romaine, d'après T. Robert-Fleury. Avant la lettre, sur chine. Trois pièces.

24 — Les Amateurs d'estampes, d'après Meissonier. Deux épreuves d'artiste, avec croquis du portrait de Meissonier dans la marge du bas, signées du graveur, sur vélin et sur japon.

25 — Portrait de Mme Ch. Courtry. Epreuve d'artiste, sur japon, avec croquis et signature de l'artiste dans la marge du bas.

26 — Portrait de femme, vue de face, en cheveux. Epreuve d'artiste, sur japon, signée du graveur.

COURTRY et HERKOMER

27 — Dans l'Eglise. — La Garde du troupeau. — Love and faith. Trois pièces en épreuves d'artiste, la dernière est sur vélin.

DANGUIN

28 — La Maîtresse du Titien, d'après Titien. Avant la lettre, sur chine.

DAUBIGNY

29 — Eaux-fortes, par Daubigny. Voyage en bateau et paysages divers. Quarante-sept pièces en premières épreuves.

DAUBIGNY

30 — Le Buisson. — Le Coup de soleil. Deux pièces d'après Ruisdael. Epreuves avant la lettre.

31 — Vaches au marais. — Les Vendanges. Deux épreuves. — La Charette. — Chevaux de halage. — Le Berger. — Paysages etc. Dix pièces en premières épreuves.

DEBLOIS (C.)

32 — Paul et Virginie. — Manon Lescaut. Deux pièces d'après J. Bertrand. Epreuves en double état, avant et avec la lettre.

DETAILLE

33 — Hussard. Denx épreuves, dont une sur chine. — Cuirassier. Sur japon, trois pièces.

DIVERS

34 — Sujets religieux et autres, par Desnoyers, Felsing, Leconte, Garavaglia, Longhi et Toschi, Forster, etc. Onze pièces.

35 — Berat. — M. Thiers, d'après Bonnat. — Faure, par Pilotel. Trois pièces.

36 — Paysages, portraits et sujets de genre. Sept pièces, par Michelin, Protais, Worms, Edelfeld, Melingue, F. Perrin, Brown.

37 — Sous ce numéro, il sera vendu un lot d'estampes avant la lettre, par Mandel, Thévenin, Waltner, Laugier, Stang, etc.

FLAMENG (L.)

38 — La Pièce aux cent florins, d'après Rembrandt. Trois épreuves, dont une avant la lettre, sur japon.

39 — La Ronde de nuit, d'après Rembrandt. Epreuve avant la lettre, sur japon.

FLAMENG (L.)

40 — Sous ce numéro, il sera vendu trente-cinq pièces de l'œuvre de Flameng, d'après différents peintres anciens et modernes, en épreuves d'artiste, ou avant la lettre.

FORSTER (F.)

41 — François Ier et Charles-Quint, visitant les tombeaux de saint Denis, d'après Gros. Epreuve d'artiste, sur chine.

PORTUNY

1. Kabyle mort (H. B. 2). Six épreuves.
2. La Victoire (3). Sept épreuves.
3. Garde de la Casbah à Tetuan (5). Six épreuves.
4. Tireuse de cartes (6). Quatre épreuves.
5. Arabe assis, les mains croisées sur les genoux (7). Deux épreuves.
6. Mendiant accroupi (8). Neuf épreuves.
7. Un Pouilleux (13). Quatre épreuves.
8. Une Rue de Séville (14). Quatre épreuves.
9. Tanger, Arabe assis (17). Quatre épreuves.
10. Maréchal-ferrant au Maroc (22). Onze épreuves.
11. Homme se roulant à terre (27). Deux épreuves.
12. Un Maître des cérémonies (28). Quatre épreuves.

GAILLARD (F.)

43 — Monseigneur *Pie*. Deux épreuves avant la lettre, dont une d'essai. — Dom Prosper Guéranger. Deux épreuves, dont une avant la lettre. Quatre pièces.

44 — Le Crépuscule. Deux épreuves, dont une d'essai. — J. Bellinus. Trois pièces.

GELÉE (F.-A.)

45 — La Justice et la Vengeance divine poursuivant le crime, d'après Prud'hon. Avant la lettre.

GEROME

46 — César mort. — Négresse du Hedja. Deux pièces.

GODEFROY

47 — Psyché et l'Amour, d'après Gérard. Avant la lettre.

GREUX (G.)

48 — Marché aux fleurs. — Paysage. Deux pièces. Epreuves d'artiste, dont une sur japon.

HADEN (SEYMOUR)

49 — Fulham sur la Tamise (18). Trois épreuves, dont une avant la publication Cadart.

50 — La Tamise à Battersea (45). Deux épreuves du premier état.

51 — La Teivy à Newcastle in Emlyn (55).

52 — Penton Hook, sur la Tamise (62). Epreuve sur chine.

53 — Lever de soleil à Cardigan (60).

54 — Thames Ditton avec un bateau (64).

55 — Berge de la rivière à Sonning (105). Deux épreuves.

56 — Inveroran (132).

57 — Paysage. Deux pièces.

58 — Vue de Shepperton (71).

59 — Les Chaumières de Horsley (90).

60 — Les Marais d'Érith (102).

HÉCLÉ ET MAEKERT

61 — Femme assise, d'après M. Stone. Epreuve d'artiste sur Japon. — Femme et Chien. Épreuve d'artiste. Deux pièces.

HÉDOUIN (ED.)

62 — Danse arabe, d'après H. Browne. Deux épreuves sur chine.

HENRIQUEL-DUPONT

63 — Gustave Vaso, d'après Hersent. Deux épreuves, dont
une d'artiste.

64 — Portrait de Bertin, d'après Ingres. Deux épreuves d'artiste, signées du graveur.

65 — Carle *Vernet*. — M^mo de *Mirbel*. — Ch. *Le Normand*.
Deux épreuves. — M. de Cailleux. Cinq pièces, avant la
lettre.

66 — Le marquis de *Pastoret*. — Le comte de Ségur. Trois
épreuves. Quatre pièces avant la lettre.

67 — Montaigne. Trois épreuves avant la lettre. — André
Chénier. Deux épreuves d'artiste, sur chine. Cinq pièces.

68 — Portraits de Henri IV et des princes et princesses de la
famille d'Orléans. Neuf pièces, en grande partie avant la
lettre.

HENRIQUEL-DUPONT ET PRUDHOMME

69 — Louis-Philippe. Deux portraits différents, d'après Gérard
et Wintheralter, avant la lettre.

HERKOMER (H.)

70 — Vieille femme. — Souvenir de Rembrandt. Deux pièces.
Épreuves sur japon, signées du graveur.

70 *bis* — In trouble. — Orphans. Deux pièces.

JACQUE (Ch.)

71 — L'Orage. Douze épreuves avant la lettre, signées du graveur; plusieurs sont sur chine.

72 — L'œuvre de Ch. Jacque, en trois cent trente pièces gravées à l'eau-forte.

JACQUEMART (J.)

73 — Le Soldat et la Fillette qui rit (278). 4e état. — Portrait
de Rembrandt, de la collection Double (270). Cinq épreuves
avant la lettre, dont trois d'essai avant le nom du graveur.
Six pièces.

JACQUEMART (J.)

74 — La Sorcière Hill Bobb, d'après Hals (272). — La Sainte Famille, d'après Jordaens (278). Deux épreuves. — La Musique, d'après Van der Helst (282). — Le Bourgmestre de Leyde et sa femme, d'après C. de Moor (283). Cinq pièces en épreuves avant la lettre.

75 — Élisabeth de Valois, d'après Antonio Moro (284). — La Veuve et l'Enfant, d'après Reynolds (285). Trois épreuves. — La Belle Fille de Goya (286). — L'Infante Isabelle, d'après de Vos (287). Six pièces en épreuves d'essai, dont trois sur chine et vélin.

76 — Chasse à courre, d'après Fyt (288). — Portrait d'homme, d'après Hals (291). Deux épreuves. Trois pièces, en épreuves d'essai.

77 — Le Liseur, d'après Meissonier (297). Sept épreuves avant la lettre, dont plusieurs d'essai, avant le nom du graveur.

78 — Une Exécution au Japon (313). — Souvenirs de voyage (329). — Plantes de serre (332). — Trois pièces en épreuves avant la lettre.

79 — Les Amateurs d'estampes. Épreuve avant la lettre.

80 — Galerie d'Apollon au Louvre. — Buste de Henri III. — Sabres. — Bijoux. — Drageoir, etc. Six pièces, dont cinq avant la lettre.

81 — Intérieur de ferme. — Portrait d'homme. — Scène flamande. — Fleurs et poissons. Quatre pièces, épreuves avant la lettre.

JAZINSKI

82 — La femme au manchon, d'après Mme Lebrun. Épreuve d'artiste, sur vélin.

LAGUILLERMIE

83 — Gulliver enchaîné par les Lilliputiens, d'après Vibert — L'État-Major autrichien devant le corps de Marceau, d'après Laurens. Deux pièces. Épreuves d'artiste, sur japon, signées du graveur.

LAGUILLERMIE

84 — Reddition de la ville de Bréda, d'après Vélasquez.
Épreuves d'artiste, sur vélin.

LALANNE (Maxim.)

85 — Souvenir du Siège de Paris. — Vues de Paris. —
Paysages. — Exposition de 1867. — Harlem, Bordeaux,
Trouville, etc. Vingt-trois pièces en épreuves d'artiste.

86 — Paysages gravés à l'eau-forte. Quinze pièces. Épreuve
d'essai, sur chine, signée du graveur.

LE COUTEUX (L.)

87 — Djelma. Deux épreuves d'artiste, sur chine.

88 — Gaulois se désaltérant. — Berger. — Ramasseuses de
pommes. Trois pièces d'artiste, dont deux sur chine et
japon.

LEFÈVRE (Achille)

89 — Madone de Saint-Sébastien, d'après le Corrège. Épreuve
d'artiste, sur chine.

LELOIR (Louis)

90 — Le Raffiné. Trois épreuves.

LE RAT (P.)

91 — Vedette, d'après Meissonier. Six épreuves d'essai, sur
chine ou japon.

92 — Portraits de La Fontaine et de Gluck. — Le Guet-Apens.
Trois pièces, épreuves d'artistes.

LONGHI

93 — Le Mariage de la Vierge, d'après Raphaël. Deux épreuves,
dont une de souscription portant le numéro 286.

LOS RIOS

94 — Fantazia. — Prisonniers à Grenade. Illustrations pour
Chateaubriand et Pinot-Duclos. Douze pièces. Épreuves
d'artiste.

LOS RIOS

95 — Portrait de Mme Van Dael, d'après Carolus-Duran. — Jeune fille jouant de la guitare, sur japon. Deux pièces, épreuves d'artiste, signées du graveur.

LOUIS (ARISTIDE)

96 — Mignon regrettant sa Patrie. — Mignon aspirant au ciel. D'après Scheffer. Epreuves avant la lettre sur chine, dont une d'essai, avant la bordure.

MEISSONNIER (E.)

97 — Polichinelle dirigé à droite.

MERYON (CH.)

98 — Le Pavillon de Mademoiselle et une partie du Louvre à Paris, d'après Zeeman (8). Deux épreuves avant la lettre.

99 — Entrée du Faubourg Saint-Marceau, d'après Zeeman (9). Deux épreuves avant la lettre.

100 — San-Francisco, 1855 (22). Très belle épreuve.

101 — Présentation au roi Louis XI du Valère Maxime (25).

102 — Titre. Eaux-fortes sur Paris par C. Meryon. 1852 (31).

103 — La galerie de Notre-Dame 1853. (40). Epreuve du deuxième état.

104 — Tourelle rue de la Tixeranderie démolie en 1851 (43). Deux épreuves du deuxième état.

105 — Saint Etienne du Mont (44). Deux épreuves des premier et deuxième états.

106 — La Pompe Notre-Dame 1852. Epreuve du deuxième état.

107 — Le Pont-Neuf (47). Épreuve du troisième état.

108 — Le pont au Change (48). Epreuve du troisième état.

109 — La Morgue (50). Deux épreuves du deuxième état.

MERYON (Ch.)

110 — Le ministère de la Marine (82). Epreuve avant la lettre.

111 — Encadrement pour un portrait (79). — Portrait de Casimir Lecomte (88). — François Viéte (90). Trois pièces.

112 — La tour de l'horloge. — Le Petit-pont. — Le Pont-Neuf. — La Pompe Notre-Dame. — Rue Pirouette, aux Halles. Deux épreuves. — Passerelle du pont au Change, après l'incendie de 1621. — Nouvelle-Zélande, presqu'île de Banks 1845. — Nouvelle-Calédonie, Grande case indigène sur le chemin de Ballade à Poëpo : neuf pièces.

MILLET (J.-F.)

113 — La Couseuse (10). — La femme qui bat le beurre (11). — Paysan rentrant du fumier (12). — Les Glaneuses (13). — Les Bêcheurs (14). — La Cardeuse (16). — La femme faisant manger son enfant (18). — La grande Bergère (19). — Huit pièces. Très belles épreuves.

114 — La Couseuse (10). — Paysan rentrant du fumier (12). Les Glaneuses (13). — La Cardeuse (16). — La grande Bergère (19). Cinq pièces. Très belles épreuves.

115 — La Couseuse (10). Trois épreuves. — Paysan rentrant du fumier (12). — La Cardeuse (16). Cinq pièces. Très belles épreuves.

MILLET (d'après J.-F.)

116 — La Broyeuse de lin. — La femme brûlant des herbes. — La Ferme. — La Bergère. — La Fin de la journée. Quatre pièces.

MORGHEN (R.)

117 — La Transfiguration, d'après Raphaël. Deux épreuves, dont une de souscription.

PELÉE

118 — L'Adoration des Bergers, d'après Ribera. Epreuve d'artiste, sur chine.

RAJON

119 — Le Bain. — La Conversation. — Salomé. — Sainte Cé-cile. Quatre pièces. Epreuves d'artiste, dont deux sur chine et une sur japon.

120 — Portraits de Bracquemond. — Sir Roland Hill. — Tho-massi. Trois pièces. Epreuves d'artiste, sur Chine.

121 — Portraits d'après Rubens, Reynolds, et autres Huit pièces, dont sept en épreuves d'artiste.

RAMUS ет H. BROWNE

122 — La naissance de Henri IV, d'après Deveria. — La Robe de Joseph, d'après Bida. Epreuve avant la lettre. Deux pièces.

ROCHEBRUNE

123 — Clocher de Notre-Dame de Fontenay-le-Comte, Vendée. — Façade de l'hôtel de ville de La Rochelle. — La sainte Chapelle de Champigny. Trois pièces.

ROUSSEAU (Th.)

124 — Le chêne de Roches. Deux épreuves.

SGRAVESAND

125 — Château de Kilgarnay. — Richmond. — Le Railway. — Paysage. Quatre pièces.

TISSOT (J.)

126 — Partie de croquet. — Le premier mort que j'ai vu. Grande et petite planche. Trois pièces.

127 — Sylvain Périer. — Bastien Pradel 1870. Deux pièces.

128 — Allégorie 1875. — Frontispice 1875. Deux pièces.

129 — L'Auberge des Trois Couronnes 1877. Trois épreuves, dont une avec l'inscription sur une banderolle vers le haut à gauche.

130 — National Gallery 1878.

TISSOT (J.)

131 — Réflexion. Quatre épreuves.

132 — Taverne de Trafalgar 1878. Deux épreuves.

133 — Printemps. — Grande Garde 1878. Deux pièces.

134 — Ambulance du Théâtre Français, siège de Paris 1870.
— Frontispice 1876. Deux pièces.

135 — Sur le gazon 1880. Deux épreuves.

136 — Le chapeau à la Rubens. Deux épreuves.

137 — Il faut qu'une porte soit ouverte ou fermée 1876. — La Querelle, 1876. — Le veuf. Trois pièces.

138 — Ramsgate, 1876. — A la fenêtre. — Campement, 1871. — Femme avec éventail 1876. Quatre pièces.

139 — Joueur d'orgue. — Sur la Tamise 1876. Deux pièces.

140 — Combien je suis heureux, 1877. Trois épreuves.

141 — La Frileuse, 1876. — Soir d'été, 1881. Deux pièces.

142 — L'Automne. — A Winter Walk, 1880. Deux pièces.

TOSCHI (P.)

143 — Lo Spasimo di Sicilia, d'après Raphaël. Epreuve avant la lettre. (Le titre en lettres anglaises).

144 — La même estampe. Epreuve avec la lettre.

WALTNER

145 — L'Aveugle. Epreuve d'artiste, signée du graveur.

146 — The Gamblers wife, d'après Millais. Epreuve d'artiste, sur japon.

147 — Portrait de Vryday's van Vollenhoven. Deux épreuves d'artiste, sur vélin et sur chine.

148 — Sous ce numéro, il sera vendu environ deux mille estampes en lots, eaux-fortes et gravures au burin pour l'encadrement, sujets de courses et de chasses anglaises, en couleur, sujets de genre et quelques sujets religieux; gravures et lithographies en nombre.

LIVRES A FIGURES

ET SUR LES ARTS

1 — *Lièvre.* Works of art in the collections of England. 50 eaux-fortes contenus dans un album, in-fol. Dix exemplaires.

2 — *Lièvre.* Les Collections célèbres d'œuvres d'art. 2 vol. in-fol. en feuilles.

3 — *Lièvre.* Le tome I du même ouvrage, relié.

4 — *Lièvre.* Musée universel. 3 vol. petit in-4 relié en demi-chagrin.

5 — *Lièvre.* Les Grands Maîtres anciens et contemporains. In-fol. 1ʳᵉ série. Quatorze exemplaires.

6 — *Lièvre.* Le même ouvrage. 2ᵉ série.

7 — *Lièvre.* Le même ouvrage. 3ᵉ série.

8 — *Lièvre.* Le même ouvrage. 4ᵉ série. Deux exemplaires.

9 — *Lièvre.* Le même ouvrage. 5ᵉ série.

10 — *Magne.* L'Œuvre des peintres verriers français. 1 vol. petit in-fol. et 1 album in-fol.

11 — *Montrosier.* Artistes modernes. Tomes II et III, brochés.

12 — *Montrosier.* Le tome III du même ouvrage.

13 — *Baschet.* Salon de 1888, photogravure nº 2.

14 — *Baschet.* Salon de 1888, photogravure nºˢ 3 et 13. Deux exemplaires.

15 — *Lièvre.* Collection Sauvageot, du musée du Louvre. 2 vol. in-fol. mar., filets or.

16 — *Lièvre.* Le même ouvrage, demi-chagrin rouge.

17 — *Lièvre.* Le même ouvrage en portefeuilles. Sept exemplaires.

18 — *Lièvre*. Le tome II du même ouv.age. Deux exemplaires.

19 — *Lièvre*. Le tome I du même ouvrage incomplet. Quatre exemplaires.

20 — *Lièvre*. Le tome II du même ouvrage incomplet. Deux exemplaires.

21 — *Lièvre*. Un paquet de défets du même ouvrage.

22 — Grand album des exercices équestres de l'École de cavalerie de Saumur. Quatorze planches en chromolithographie. Deux exemplaires.

23 — Là Galerie contemporaine. Littérateurs et savants. Cent soixante-quinze numéros.

24 — La Galerie contemporaine. Peintres et sculpteurs. Cent un numéros.

25 — *A. Durand.* Les eaux-fortes de Claude Le Lorrain. Exemplaire sur hollande, en portefeuille.

26 — Le même ouvrage sur japon. Deux exemplaires

27 — Le même ouvrage sur parchemin. Deux exemplaires.

28 — G. *Doré*. La sainte Bible illustrée. 2 vol. in-fol. carré.

29 — *A. Durand.* Treize planches de l'œuvre d'Albert Durer.

30 — Trois numéros du journal *l'Art*. — Trois numéros : Chefs-d'œuvre d'art au Luxembourg, sur hollande. — Quatorze numéros spécimens, Comédie française, d'Houssaye. — Vingt-cinq numéros spécimens, Gustave Doré. — Sept numéros *Monuments du Poitou*.

31 — *Dumas*. Catalogue illustré, salon de 1883, broché. Quatre exemplaires.

32 — *Enault*. Paris-Salon, 1884. 2 vol. in-8.

33 — *A. Durand*. Eaux-fortes d'Antoine Van Dyck. Exempl. sur hollande.

34 — *A. Durand*. Le même ouvrage, sur parchemin.

35 — *A. Durand.* Les eaux-fortes de Paul Potter. Exempl. sur hollande.

35 *bis* — *A. Durand.* Le même ouvrage, sur parchemin.

36 — *A. Durand.* Les eaux-fortes de Ruisdaël. Exempl. sur hollande.

37 — *A. Durand.* Les œuvres de Th. Rousseau (incomplet). Deux exemplaires.

38 — Les [Chefs-d'œuvre de l'Ermitage, 1re série. Vingt gravures. Epreuves d'artiste.

39 — Les Rembrandt de l'Ermitage. Quarante planches gravées à l'eau-forte. Épreuves d'artiste.

40 — *Musée national d'Amsterdam.* Trente-deux planches à l'eau-forte. Épreuves d'artiste.

41 — *Baschet. Salon illustré de 1877.* 2 vol. in-8, avec dessins et eaux-fortes.

42 — *Gazette des Beaux-Arts*, 1859, nos 1 à 24.
    —   —   1863, nos 79 à 90.
    —   —   1864, nos 91 à 102.
    —   —   1865, nos 103 à 114.

43 — *Lièvre. Musée universel*, tome I, demi-chagrin. Deux exemplaires.

44 — *Boetzel.* Album, salon de 1869, toile. Deux exemplaires.
    —   —   —   1870, toile.
    —   —   —   1872-73, toile.

45 — *Lièvre.* Collection Sauvageot. 2 vol. demi-rel. d'amateur.

46 — American Etchings, en portefeuilles.

47 — Numéros séparés de la *Chronique des Arts.*

48 — Douze livraisons. Eaux-fortes de William Unger, d'après les maîtres anciens, publiées à Leide, sur hollande (nos 3 à 15).